CURSO AVANZADO DE PERRA

EC

EDITORIAL CÁNTICO
COLECCIÓN · DOBLE ORILLA, POESÍA

DIRIGIDA POR RAÚL ALONSO

cantico.es · @canticoed

Suscríbete a nuestro blog en
 Medium @canticoed

IRRECONCILIABLES
FESTIVAL INTERNACIONAL DE POESÍA DE MÁLAGA

© Carolina Otero Belmar, 2021
© Editorial Almuzara S. L., 2025
Editorial Cántico
Parque Logístico de Córdoba
Carretera de Palma del Río, km. 4
14005 Córdoba
1ª ed. febrero de 2022
2ª ed. marzo de 2025
Imagen de cubierta: *Love's Shadow* de Frederick Sandys, 1867

ISBN: 978-84-10288-61-4
Depósito legal: CO 131-2025

Impresión y encuadernación:
Imprenta Luque S.L.

CAROLINA OTERO BELMAR

CURSO AVANZADO DE PERRA

EDITORIAL CÁNTICO

COLECCIÓN DOBLE ORILLA 🐾 POESÍA

SOBRE LA AUTORA

Carolina Otero Belmar (Valencia, 1977) es licenciada en Filología Hispánica e Inglesa y profesora de Lengua y literatura en un instituto.

Ha publicado los siguientes libros de poesía: *Versos para un hombre de pero en pecho* (Premio "Sargantas" de Poesía, Ayuntamiento de Chiva, 1997), *Anunciado en televisión* (Premio "Ángel Urrutia Iturbe", Ayuntamiento de Lekunberri, 2011), *43m²* (Editorial Olifante, 2013), *Balada del rímel corrido* (Ediciones en Huida, 2015), *No te hagas el muerto* (Ediciones Lupercalia, 2017), así como la plaquette *La pena y el blíster* (Premio de Literatura Breve "Vila de Mislata", modalidad de poesía, 2017). En 2019, el sello Trifaldi editó *Piscina fuera de temporada*, su antología personal, dentro de la colección de poesía "Ay del Seis": una selección de versos inéditos y editados durante 20 años.

Pertenece al grupo literario Hotel Postmoderno, con quienes publicó las novelas *Hotel Postmoderno* (Inéditor, 2008) y *De la Habana un barco* (Lengua de Trapo, 2010), e ideó la antología experimental *Isla Revisitada* (VV.AA., Flechas de Atalanta, 2017) en homenaje a Gloria Fuertes, coordinada con la poeta Luci Romero. Actualmente, dirige el blog de poesía manuscrita en castellano "Tacha-duras" y mantiene su proyecto musical desde 2009 en el que compone, canta y es guitarrista: Carolina Otero & The Someone Elses.

En el parque del Cementerio Monumental San Miguel de Málaga, el día 15 de octubre de 2021, se reúnen Yolanda Castaño, Elizabeth Duval y Mario Obrero como miembros del jurado de la quinta convocatoria del Premio de Poesía Irreconciliables.
Actúan como secretarias, con voz, pero sin voto, Violeta Niebla y Ángelo Néstore, directoras del festival.

Tras un intenso debate, se procede a realizar sucesivas votaciones, fallando el jurado finalmente por mayoría a favor de la obra titulada Curso avanzado de perra. *Abierta la plica correspondiente por las secretarias, en presencia de todos los miembros del jurado, se comprueba que la citada obra ganadora corresponde a la autora Carolina Otero Belmar, de Valencia y nacida en 1977.*

A todos los que lo vieron venir

CURSO AVANZADO DE PERRA

No quiero acordarme de la mujer que enloqueció.
Todavía me avergüenza.

I

LA PERRA PRESCINDIBLE

1

UTENSILIO PLAYERO EN OFERTA

La banalidad de todo el asunto no aplaca la desgracia, los celos ni la humillación que sobrevienen a las esposas abandonadas. Esposas despreciadas. Yo gemía, gritaba y golpeaba la pared con los puños.

Aviso: esto que escribo
no está en cuneiforme
pero lo cavé.

Los amigos se fueron lejos y no hay manera
de drenar el cielo.

El novio me dejó en un turismo a las 19:59
y en ese momento
se dice la última jarcha de la historia
en la que *habibi* arranca coche para no regresar
[*enfermaron mis ojos brillantes*—
como en una serie *alt* norteamericana
en la que el amor no es suficiente
—*e dolen tan male*]
o el amor va de mano en mano
(burda *crudité*)
o el amor se escancia en un Starbucks,
y la evasión de la víscera conviene.

El segundo aviso es
que sumo otra deriva.
No hay verano que no recuerde
sin serme complemento de sombrilla o libro de sudoku
de mi familia.

Mi familia ordenada alfabéticamente.
Mi familia en compás cuaternario.
Mi familia retratada en el Muvim.
Qué fortuna ser la pala de plástico de mis sobrinas, ser
la revista de amores entre *celebs*
mojada por una ola, ser
la toalla extra en el bolso familiar
para la bendición de los pies.

Ni la rima ni lo anterior entraba en mis planes.
¿Cómo se mueren los objetos?:

El tercer aviso es
que quiero morirme mil veces.
Y esta es la cota lírica que alcanza un texto
que no está pintado con pigmento rojo en una cueva
pero tiene el pálpito primero.

Es decir, que los amigos salieron de cruzada,
que el amado retiró todos los nombres deliciosos que
                                              [me puso
(*Panal* o *Panecillo*),
que me voy pareciendo ya ahora demasiado
a un artilugio playero de bazar
como para que lo que diga quede
y vibre una nube.
¿Te puedes imaginar la desolación
de esta pala de plástico
en la mano de una de esas hijas?

¿Te imaginas cómo puede
cavar, mística, su deseo
de muerte, surco de verso
en la arena?

El amado arranca a la vez
corazón y coche.
Se va, en verdad, tras un humorístico *passing shot*
cuando corro a la red para abrazarlo
por el fin de los tiempos cual beata de *Amén, Jesús,*
con ojos manga de Candy Candy
y todo el error léxico por mi vestido.
No te extrañe que, en la caída,
me haya convertido en utensilio en OFERTA
para cavar la playa, por cavar.

Digo: esto que escribo
no está en cuneiforme
pero lo cavé con la boca.

2

LA SOMBRA DE UNA PERRA ABANDONADA
CRUZA EN *LOOP* EL *PARKING*
DE UN CENTRO COMERCIAL
PSEUDONORTEAMERICANO

Él quería paz y que le dejara tranquilo [...] *Y, sin embargo, Boris había dicho* pausa, *no final, para dejar abierta la narración por si luego se arrepentía. Un cruel resquicio para la esperanza. Boris, el mudo. Boris, el que nunca levanta la voz. Boris, el que niega con la cabeza, sentado en el sofá mientras te mira desconcertado. Boris, la rata que se casó con una poeta en 1979. Boris, ¿por qué me dejaste?*

LA TRISTE CAN SIN PAN

Cuando giré el verano,
Johnny ya no estaba.
Yo tenía sus cosas, él las mías.
Además, estaban las palabras que me puso;
martilleo del *Perrito, te quiero, can,*
pero ni pan te doy.

Me dijo que yo, que él a mí,
que, *mi amor* —nadie entendía nada
en el *parking* del centro comercial:
me dejó en su Chrysler de segunda mano
—al fin y al cabo, Chrysler era—,
me dejó, pero me puso una cinta al cuello,
del tipo *Vete que no puedo pero después*
gira la nuca hacia mí, anda—.

Y giré la nuca 3 veces.
Y giré la nuca 100 veces.
Y giré la nuca 300.000 veces hacia su holograma.
Qué bonita estaba con la cinta al cuello,
daba vueltas y vueltas
en mi danza llorona,
bailaba en la sala enorme del bucle, descoyuntada,
el cuerpo como aspersor de mi propia materia.

—Ojalá te hubieras ahogado, mujer,
con aquella cinta de raso.

—Ojalá me hubiera ahogado, Johnny,
con aquella cinta de raso
como Isadora Duncan
en la Niza del 27.

Permíteme que te pida ahora,
que ya no eres mi amor,
¿no podrías haberme arrastrado del cuello
con la cinta y tu coche automático
antes de tu balbuceo de cuatro años:
mi amor, mi mazapán, mi nena,
no puedo, yo, es que tú, perdona?
Solo te pido un viaje hacia atrás,
hinco la rodilla
para que hagas de mí
—disculpa—
una guirnalda de carne muerta, que no pueda ya
estorbarte
ni a ti ni a tus montañas.

Desde que Johnny me abandonó
en el *parking* de aquel día,
cruza una perra fea y cabizbaja
de lunes a lunes, religiosa. Nada pide
a los testigos del abandono.
Entre el brillo del *burger* y el *gasoil* autoservicio,
aparece, cojea un baile, con una cinta en el lomo,
y desaparece
sin pan que echarse al buchecito deforme.

LA EXHIBICIÓN DE
LA PERRA PRESCINDIBLE

Todos vienen a ver
a la perra prescindible.
De las mutilaciones
en patas y morro
aún no se ha recuperado
y chorrea como aspersor de jardín.

Si le das comida,
girará cómicamente
en plan canelón de carne.
Mitad tragedia, mitad comedia.
Pero tienen compasión las moscas
de la perra prescindible.
No le ponen besos en el cogote,
piadosas,
solo hacen un aro alrededor.
Es la perra santa
en el museo de un Decathlon.

Todos vienen a ver
pero mantienen la distancia de seguridad.
¿Qué no tendrá
la perra prescindible?
Un tumor penoso, ¡SEGURO!

En la pupila, gangrena, ¡FIJO!
¡ALGO MUY VÍRICO!... gritan los visitantes
echando cacahuetes y zapatos.

Patalea sin extremidades
pero como si las tuviera aún:
microquijote en Sierra Morena,
cucaracha sin cabeza,
tenebrio en la sartén.

Su ladrido es el hilillo
de una fuente que escapa del encuadre
y es probable que prefiera
el destino de un podenco viejo
al suyo, pues tiene un locutorio
anidando en la garganta.

Una pelota cruza de nuevo el escenario.
Le toca el juego de la devastación
por el que ha pagado medio mundo
que ha venido a ver,
quiero decir, desde Donald Trump
a ti que has leído.

ÍTACO TULLIDO (O ALGUIEN LLORA EN ARIZONA)

Alguien lanza una lágrima en Arizona.
No percibo quién.
Será descendiente de Lilith o Jesucristo
siglos más tarde.
Está esperando
algo, tal vez que el llanto
traiga lo parecido a un brote.

No se recuerda una lágrima igual:

Hay registro de un hombre soplando un guisante,
es André Olof, hizo más de 7 metros
a soplidos,
pero no encuentro un *ranking* de llanto
por *furor amoris*;

hay amor en esa gota.

Mi llorar es semejante.
Si supiera de quién se trata
—en Arizona o en Lleida—
podríamos competir y sacarle partido a todo este
asunto,
que sirva,

que sea servil:
vender mis acciones en Bolsa.
Montar el Ibex 36,
Amancio, mi sollozo contra Zara;
una casa de apuestas
a ver quién mejor llora,
si una española
o su antípoda gringa

(chiste).

Vendo, vendo, una lágrima
para quien no sepa
llorar.

Espero, espero
el Nobel de la Llorera
antes de cualquier eternidad:

Bravo, Carolina, qué bien llora usted,
hay que ver, ni X en Arizona,
ni la llorona de Oaxaca,
diga su discurso, estamos deseando
escuchar sus ayes y esnifes.

Pero interrumpe en la puerta,
tras la mirilla alguien,
soy Penélope, dice. Pasa,
le digo, que pare, dice
que Ulises ya va zombi,
que finge con una ninfa
de la región
y su familia calva le aplaude

y los árboles quemados aplauden
y los chalets derruidos aplauden
y sobre su mar
hace *paddle surf* Ítaco
tullido. Al oído algo en hexámetros
dactílicos. Vase.

EN CLASE DE ZUMBA, ALGUNA LAGRIMILLA CON DADDY YANKEE

Salid sin duelo, lágrimas, corriendo

GARCILASO DE LA VEGA

(Es que llevo
un gorrión muerto en la mano).

En la clase de zumba
suelto alguna lagrimilla,
digna heredera de Salicio y Nemoroso,
pastorcita del siglo XXI
estirando abductores,
moviendo sexy —dice la monitora,
yo tengo dudas serias—,
la cadera, yendo a un lado
con un paso de bachata,
volviendo al otro
con aire de *cowboy*
todo, en la víspera de la vieja noche.
Otros años, los pasé
amando a manos llenas,
ahora lleno las palmas de una gimnasia
disfrazada de modernidad.
No rías, Machado, aquí te quisiera
ver llorando por Guiomar
mientras ladeas el cuello
y suena una frase por el hilo
musical de Daddy Yankee:

¿Cómo te llamas, baby?
Desde que te vi supe que eras pa' mí
Dile a tus amigas que andamo' ready.

Ahora lleno las manos de novelas
que señalan el amor
como algo sórdido, de gusto dudoso.
El amor, entiendo, puede ser
un acuerdo con un señor random lleno de mocos:
Te amo, señor, a pesar
de tus mocos, ven, ocupa,
el lado derecho de mi cama,
te escribiré poemas, señor,
y te pondré nombres de animalitos,
ven, señor con mocos, perderé el tronco
en la Gran Vía por ti, ven,
señor que me repulsa ahora,
espera que actúe el maquillaje
de mi soledad señalada
por los anuncios publicitarios.
¡Señor, ya te quiero, amor tan mío!

Ahora llevo en las manos
un gorrión muerto.
No me decido a enterrarlo.
¿Qué hago con él
en la clase de zumba,
mientras caen mis lagrimones
al son de esta música del infierno,
qué haré con el cadáver
esta misma noche
del siglo XXI, esquina con lo mismo,
en el trámite (el champán,

la cena, la solicitud telemática
de un pequeño deseo), el gorrión
ya muerto, en estas manos
llenas de arañazos,
antaño amantes, amazonas,
hoy enigmas en la bruma,
qué hago con las manos,
monitora de zumba, las subo,
a la altura del hombro,
lanzo mis dedos en un trance,
disimulo el *pathos*,
y así que en nuestras cabezas
revolotee un gorrión muerto,
trago saliva, qué dices
ahora, tú, Daddy Yankee,
qué misterio ignoto —salid sin duelo
lágrimas— dices mientras
ella lo menea y yo la pena sorbo?

EN LA NOCHE OSCURA DE SAN JUAN/ EN UN *PARKING*, HORA 3048

Te quiero, can, pero no te doy ni pan

Johnny lleva
en su ato
un nicho.

Un día decide
la estación de acercarse.
Me dice que hay una serie en Netflix
(*Hay una serie en Netflix*),
podía haber sido la larga enciclopedia d'Alembert
o el Nilo espejado en el cielo:
yo habría ido igualmente,
sin dones,
contra el ojo de Jepri.

No duermo esa noche.
Ni Johnny una mano
me pone encima.
Parece, entonces,
una cinta europea, cine de pausa.
Cierro los ojos
porque no doy crédito a mi fortuna:
no pasa nada,
nunca, al lado de Johnny.
Quiero decir, yo estoy allí,

en su cama, quieta, en su deixis
y todo es suficiente.
Lástima no haber
consultado al Tiresias del refranero
porque el alud vino 30.000 horas más tarde:
(todos saben
que alud es una palabra
de origen prerromano,
cf. vasco, «lurte»,
del mismo modo, todos
saben que Johnny va a dejarme)
cuando yo ya tenga
la ingle en el fango
que es una manera castellana
de decir que me tuerzo
desde el lazo del vestido
—yo, que anhelo la etimología
y sé que el chorro de una estrella
es un orín difunto,
yo, algo leída
pero lela como Gloria Fuertes
en esto de caerse en unos ojos,
yo, a mí ajena— el pie
con el hueso del amor romántico.
(Debajo del hueso
hay un Sísifo enanito bufando
subiendo y bajando la cuesta,
deberíais saberlo,
tiene la obstinación
de una lata de Pepsi).

En otro orden de cosas,
Johnny sacaba miel de su atillo

mágicamente.
Considero que no soy culpable,
señoría, había miel, y agua pura,
y muchas noches yo pensé

[—Querría darle la vuelta a la nube]

que era mi amado y que era mío.
Consideré, señoría, que vivíamos
en La Noche oscura de San Juan:
me regalaba
>   1. unas zapatillas
>   con 30% descuento por mi cumpleaños,
>   2. un bote de crema de avellanas
>   por sus viajes pirenaicos,
>   3. una parcela en una cicatriz fenomenal
>   de su vientre por una peritonitis biliar
y era que nada,
era que ni una brisa escrita había
en la boca de Johnny.
Ni pan me daba.

Luego el tiempo
por la espalda viene
y el oráculo se hace *parking*:
(en plan alud)
Johnny en su coche aquella tarde
me escupe sus balbuceos a la cara,
pasa
que me expulsa
de su deixis:

Que oye, mira,
amor, que ya no puedo,
adiós. Un nicho, un nicho, mujer,
lo siento mucho,
señora que está en mi coche,
que se parece algo a mi exnovia,
desconocida, enemiga mía,
yo haré la guerra,
un nicho, aquí dentro,
oiga usted, extraña,
piedra en mi calcetín
que sacudo con tic nervioso,
bicho asqueroso, garrapata,
amor mío, perra, puaj
que

[—Querría darle la vuelta a la montaña]

deseo quitarme para siempre,
Señora Legaña, Mujer Estorbo,
salga de mi coche ahora,
mi amor, mi mazapán, mi tábano:
que la voz que sale de mi boca
que te puso mil nombres de animales,
que lleva un hombre
que lleva un ato
que lleva un nicho,
en la nuca un nicho.

LA SUERTE DE JOHNNY PÁJARO

«Johnny, tú
nunca tendrás
suerte».

Abrí la mano y se posó un gorrión.

Cómo amé al gorrioncillo,
le daba de mi boca al pico pan,
cavaba en la tierra de la noche
por guardar sus sombras.
¡Podéis creer que el *teuladí*
tenía cientos en el buche?!

Yo, perra amorosa, al servicio
del que todo puede
(pongamos *omnia vincit* virgiliano,
pongamos anuncio de Bvlgari,
pongamos película de sobremesa francoalemana),
con la rodilla hincada y bruta.

Yo, perra amorosa,
a los pies del gorrión.

«Johnny, tú
nunca tendrás
suerte en».

Cerré la mano y obtuve una navaja.

El pájaro lloraba, pedí
permiso para abrazarlo.
Escribí a una embajada
para las gestiones.
Me estaba abandonando (el pájaro es Johnny)
en un *parking* pseudonorteamericano,
cercada por un *burger* y una gasolinera,
me estaba abandonando y parecía
que le dejara yo a él:
Salicio y Nemoroso juntamente,
una fuente siciliana,
todo un ojo,
agarrado al volante por no caerse,
así que me permitió tomarle con la palma
y acariciar su sombra
(en verdad no hice las gestiones).

Fue la última vez que rocé
la sombra de Johnny.
Pajarillo, ¿por qué no me dejaste
con un baile en TikTok?
Habría sido casi tan grandioso,
bélico-químico,
algo que poder mostrar a los amigos:

—Y así la dejé, sin acentos
de ninguna geografía.

Ahora sé, que a Johnny-Pájaro le gusta
mear al amor en los *parkings*.
Pudo ser un aeropuerto, pero un *parking*
es lo que merece una perra prescindible, un *parking*,
como yo. Habrá una regla de tres.
Una aritmética del deje.

Ahora sé más de Johhny-Ave:
los vocativos que me daba
eran solo nombres de animales.
Eufemismos de miel
para perra, perrita, can.

Ahora sé que a los gorriones
les gusta desaparecer como arte de Houdini
—¿habrá una bandada de sombras que corten en
                                   [cesárea el cielo?—
y dejar canes con la rodilla hincada en *standby*
con tal de cumplir autodesignios:

«Johnny, tú
nunca tendrás
suerte en»

—se dijo una vez el ave
antes de abrir mi palma,
eso dijo,
recuerdo que lo dijo
y luego
me orinó—
«el amor».

¿QUÉ NO HACES MUERTA?

Tengo una máquina expendedora
en el vientre.
Sin embargo, no le rezo a ningún dios.

¿Qué no hago muerta en la víspera
del trabajo?

En mi pantalla desfilan videoclips
de aire francés, tomo un vino,
soy más átomo que nunca,
los ácaros corretean por mi cara,
mi gata es ajena a mis pensamientos,
hice limpieza,
el pasillo es largo
y ya no desfilo en plan canino
babeándole al universo.

¿Qué no hago muerta como polilla
en la lámpara?

Solo he venido a decir
que soy mortal,
lo sé de siempre.
Una lata de conservas tiene
más inmortalidad que yo.

(Cuando las niñas jugaban en el patio
a la goma, en los 80,
yo sabía que moría,
que se morían también los pobres *coronials*.
Me vestía de tautología
por ahora y por entonces).

Por cierto, tú no vendrás al poema.
Tú es un pronombre y tú
eres lo más irreal
de todo.
El resto, la muerte, mi casa,
es la pura realidad
y con mi pan me la coma:
la calma caída del árbol
(la buena fruta)
—insisto, que vire tu pronombre
y se marche como los franceses—,
la calma caída del árbol,
la escritura, las sábanas cambiadas,
nadie o alguien tras la puerta
sosteniendo la llave.
¿Qué no hago muerta
a estas horas?
¿Qué no haces, Carolina,
(Emily, o Virginia)
yertecita como dicen los apuntes,
la Nueva Gramática,
o el año 20?

SE CAE EL TELÓN, SOY UN GUIJARRO

El Sol me hacía
psicología inversa.

¿Acaso ahora
un desfile de tinieblas
acecha el pasillo de la casa
de una calle
con salmones en la boca?

A tu pronombre (que no venga) le espanta la extensión,
aún tiene pesadillas:

—¡Qué piso tan grande
el palacete de las sombras!

Mejor una muerte.
No se contempla otra cosa
que un nicho muy pequeño.
Quepo en un mendrugo.
Mi cuerpo, soledad
de nuez.

El Sol me hacía
psicología inversa.
Decía:

—Piedrecita, no soy suficiente,
piedrecita, creo
que no soy la luz que quieres.

Por fortuna,
no me llegan las notificaciones:
apartamentos de Booking,
entradas de Ticketmaster,
resguardos de los cines Yelmo:
todo al nombre del Sol,
nada al nombre de la piedra.

¿Me permites un chiste
a deshora?

Se abre el telón
y sale el Sol.
Se cae el telón
sobre la cabeza de la piedra.
¿Cómo se llama la película?

A todo esto, recibía la hostia
con boquita de niña,
las manos bien puestas,
la carita compasiva.
La eucaristía fue muy prosaica:
los demás follaban, mientras,
por cortesía de Tinder.

Me convertía en guijarro
el vertido del Sol.
¿Solo se ve
el lado oscuro
desde mi boca?

(La película tiene el título
que tú quieras ponerle
pero es una saga).

Ser guijarro, al fin, es hermoso.
Estoy.
Se mueven los continentes.
Una astronauta quema una bandera.
(*Egurra!*)

ANTES Y DESPUÉS:
LA POETA DIALOGA CON SUS SOMBRAS
DE 2011

En boca cerrada

                                —decías—

no entran sombras;

los fantasmas
se mantienen a raya
si no los mencionas

                 (el aleteo de su pronombre
                   es un tábano por casa;
           la Nueva Gramática cuestiona
             el alma de ciertos tipos,
      en todo caso, ninguna alegría alta:
           la vida en los pronombres
             invita a tomar cianuro,
         comprar en Primark o despeñar-
                           se).
Pero, mujer, tu afición
a ponerles nombre
          —tú apenas le llamabas «amor» porque
                   no te hacía falta;
               te dabas a sus átomos
          hasta ser pajita de refresco—

te pasa factura
y en tu casa hay

> —ay, ay, repites como Eco
> en la oquedad de casa,
> un día de estos, dejarás
> de mascar el bucle
> de Narciso, babeante.
> Le cantarán otras menos tú.
> Sabes que aún reverberan
> tus ayes hasta Uganda
> sin ánimo de aliteración,
> es el acto reflejo de la hostia recibida
> tan buena, tan compasiva, en la iglesia
> [de su coche, las manitas juntas
> en oración

> (cambiará de coche, cambiará de casa)

una asamblea de niebla
que planea echarte
sin darte cuenta.

> —Eco vase, lenta pero fiera,
> saca la lengua a las moscas
> del pronombre, a sus detritos,
> a sus heriditas de pronombre
> pseudopunk —¿Vas a decirle
> de verdad quién eres a tu mamá,
> y que la buscas ojicerrado
> cuando jodes moviendo la pelvis

Dejarte sin nada.

> como un Elvis fantasma?—

DAAN WES. NO SABÍA USAR LA LENGUA/ ENTREGAS *HARDCORE* DESDE 1900

1

Daan Wes. no sabía usar la lengua
(lo digo en el título).

Me acuerdo de él súbitamente
y lo busco en Google.
Encuentro su cara adulta
responsable de bebidas y refrescos
en un estado de los Estados Unidos.

Daan es responsable también
de que busque sin quererlo
gorriones de ojos claros
que me cambian por otra cosa.

En 1900:
—Daan me cambiaba por Elisa.
—Yo le traducía las cartas a Elisa.
(Yo era un tanto pinche,
en boca de México).
—Daan, mi primer amor.

Volviendo al beso:
tampoco yo sabía usar la lengua,
sabía algo de literatura, inglés medio,

mezclaba los hechos históricos de Occidente,
pero aquella noche de plenilunio
en los jardines de una escuela nórdica
nos besamos y salieron amperios,
tal vez inventamos algo juntos
libre aún de patente:

—Besas muy bien.
—Tú también (mentía).

Digo que Daan no sabía usar la lengua
pero aquel beso me pareció
delicia de Vía Láctea.
Bécquer andaba tomando notas,
nosotros tumbados,
yendo de izquierda a derecha,
sin tocarnos, pareja dulcísima,
porque todo era casto y holandés.
Bécquer se levantó y se fue
cuando lo tuvo claro
y escribió la rima equis equis uno uve.
De nada.
Teníamos 15.
Duró 1 año el eco del beso.
Hubo correspondencia decimonónica
con faltas ortográficas,
en inglés tardorromántico.
Apareció la bella Elisa
y Daan se quiso posar.
Yo persistí en tal amor silencioso
porque había que amar
y, si devastaba, pues más «ouch».

Menudo pajarillo, Daan Wes.,
buscando un hueco en la rama de Elisa.
Me pregunto si ella persigue, de otro modo,
gorriones de ojos castaños
que la aparten de sus vidas
si hay entrega:

—Quita, quita, perra, mosca.

(Diosito, si existes, llevo
con esto de ENTREGAS *HARDCORE* DESDE
1900,
que es muy sacro,
sin duda, pero se me cansó la escritura.
Aprovecho para poner una queja,
hazte cargo, no puedes
mirar a otro lado —soy tu criatura, si existes,
no un personaje de Netflix—
(yo apenas te he molestado, si existes,
aunque a veces me den ganas
de blasfemar sobre los puentes o los zapatos,
anota mi queja, seas el dios que seas, si existes,
no le haría ascos al politeísmo.
Atentamente.)

2

Daan Wes. no sabía usar la lengua
pero yo le enseñé a mover el mar
de espaldas.

3

Daan Wes. no sabe:

que no sabía usar la lengua,
que le enseñé a mover el mar
de espaldas
(soy muy sentida),
que busco gorriones de ojos claros
que me dejan por otra cosa
en falsos *parkings* de Wisconsin,
que Gustavo Adolfo Bécquer
tomaba notas entonces.

4

Rima equis equis uno uve/
ENTREGAS *HARDCORE* E HIJOS.

IMAGEN EN EL ESPEJO

Hera le dice a Eco:
Llámalo, llama a Narciso.
Vino esta semana,
estaba arrepentido por dejarte.

Eco ejerce su derecho a roña.
Llama a Narciso.
Pasa la lengua por el orín canino de toda la ciudad.
Se convierte en una perra enorme.
Se convierte en la perra más pequeña.
Llama a Narciso, decía,
con el cuerpo.
Repite lo mismo,
con la lengua y los tobillos.
Un *loop* es toda su carne.
Eco consigue así su carnet de cerda.
Con su andar de cerda.
Con su miedo de cerda.
Narciso la desdeña. Hace bien,
todos lo saben en Chinatown.
Su cara le produce arcadas,
aunque se dirige a ella con amabilidad de sanitario.
Eco continúa su estribillo de ayes.
La OMS sospecha

que es la culpable de la peste negra.
ÚLTIMA HORA: no se descarta que la perra sea también
causante del SARS-COV-2, distribuyendo su llanto leproso
en los buzones, por si lo oyera él
(la perra mató a Garcilaso de la Vega y a Anne Sexton,
puede que a Kennedy),
por si lo oyera él.

Hera le dice a Eco:
¿Tienes orgullo? Llámalo,
como el padre y la madre al mal hijo
en la parábola bíblica.

Así que Eco llama a Narciso.
Su voz es una lapa,
la baba de la abuela en silla de ruedas,
la pestaña en el ojo;
su voz, su apego, la grima,
la grasa, la gorda del pueblo,
su voz, una tuerca de baba,
una puerca, ¡una puerca!

«Mosquita, ¿por qué no te mueres?
—piensa Narciso, aunque la llame «mi amor» todavía—
¿Por qué no eres ya mosquita muerta?!»

Hera le dice a Eco
Llámalo,
aunque te dejara tan cruda
—ojos de conejo despellejado
en la vitrina de la carnicería—
en un *parking*
falsamente estadounidense.

Eco no dice mu.
Eco solo repite
repite solo
la podredumbre de Narciso,
su nicho, su *tragos* de infancia
como imagen en el espejo,
como imagen en el espejo.

3

SER LA RAQUETA DE NOVAK DJOKOVIC

¿Qué sucede en tu interior? ¿Por qué no me lo cuentas? Tus silencios me llevan hacia ti, pero las nubes ciegan mis ojos. Quiero asaltar la fortaleza que esconde tu mirada, hacerla pedazos para encontrarte. Yo soy el Combativo Espíritu de la Comunión. Pero tienes miedo de que penetre en tu interior o quizás temes que te devore.

Qué poeta no quiere
ser la raqueta abollada de Novak.
Su victimario saca la mueca
en primer plano,
la rabieta porque mamá
lo dejó a los 12
en la academia de Pilic,
con menú mecánico de *frankfurt* y patata hervida,
con celda de aislamiento
como en un cuento de Poe.

En lugar de jugar con Marko y Djordje
con los puños,
revolcarse por una pradera,
en lugar de una caricia de Srdjan
o un beso de Dijana,
se entrenaría para la élite solo,
para la asepsia solo,
para el trabajo solo.

Qué poeta no quiere
ser la raqueta tuerta de Novak:
toda la infancia del *grandslamer*
escrita por las cámaras de Tokio 20.

La ira de Novak es la de muchos hombres
que se autotuercen el cuello (¡cisnes!).

Qué poeta no quiere
ser la mano huérfana de Djokovic:
peores siempre en todo,
anhelan la identificación con la raqueta
su Head Speed Graphene 360+ Black
como una tórtola muerta.

Qué poeta no quiere:
Estar siempre jodido.
Estar siempre ignorado,
en plan desierto, o isla.
Ser siempre pelusilla en el pasillo.
Estar siempre de llorera.
Estar siempre en la sombra de la maldición,
por no ser nunca Arthur Rimbaud.
Estar siempre en el vómito de las estrellas.
Estar siempre en la papada de Donald Trump.
Siempre en la tristeza de la perra macroesquelética estar,
por solo estar.

En cuanto a mí, yo solo sea
una jueza quincuagenaria.
Observadora, la ira no me roza.
Pienso en jugar con mi nieto
cuando acabe este partido de mierda
entre euroblanquitos cabreados.
Masturbarme.
Hacer *mochis* de *matcha*.
Tal vez un haiku:

esa raqueta
pretende ser la luna
pero no es nada.

4

SAGRARIO GRATIS

Antes de volver a nuestra historia, voy a dejaros con las inmortales palabras de Jane Sharp, una inglesa del siglo XVII que ejercía de matrona, quien dijo del clítoris: Se erguirá y caerá igual que lo hace la yarda y hará que las mujeres sean lujuriosas y disfruten más de la cópula. (Yo añado: las mujeres, sus hermanas primates y, a la espera de ulteriores investigaciones, probablemente otras mamíferas).

SI ME TOCARAS, CAERÍA DONALD TRUMP (INTERVENCIÓN EN UN POEMA DE PEDRO SALINAS)

Si me tocaras, sí;
si me tocaras,
te metería versos de Ana Rossetti
por los bajos del pantalón.

Si me tocaras,
inventaría la eñe de ñam
con su virgulilla graciosa,
y caería Donald Trump
a un lago de pirañas;
las amapolas contarían
pequeños chistes obscenos
(si me tocaras)
y los gatitos se apretarían
el lomo contra las nubes
en convulsiones deliciosas
porque, si me tocaras,
algo se levantaría:
los sublevados del XIX,
las sufragistas,
el Imperio Romano de Oriente y Occidente,
la tumba de Cleopatra,
el vestido de Marilyn,
un tótem amerindio,

el bastón de Chaplin,
esa piedra anónima en un lago helado de Nebraska,
los pechos de Safo,
un ósculo catulino;
si me tocaras,
la tilde caída en desuso de un «fué»
levitaría tan solo al vernos,
a ti, que eres un joven sentado a mirar
—no mío, pero tampoco de nadie— y a mí,
con el cuerpo en flor exótica
más allá de enciclopedias, estadísticas y defunciones,
si me tocaras,
nunca desde la empresa o el anexo,
siempre desde la voz que dice: *Alas*.

DECIR *FRONTERAS, IBEX, ASTILLEROS*

Como Naty Abascal en *Bananas*,
mordisqueo tu nombre.
Desnuda en cuclillas,
mi pelo parece un manojo de algas;
soy una pequeña bestia
pintada de turba
en el banquete de tus consonantes.

Es una pena que mientras
la asociación de amigos del rifle,
con sus gorras americanas
—con sus micropenes—,
esté sacando brillo a unas balas de 150 grains.

Pena, que, al tiempo,
un escritor barroco vuelva a plagar Europa
con el *ubi sunt?*
Verdaderamente
es una pena
que se cierre una puerta
para que se cierre una puerta.
Por si no queda claro
esto no trata de manzanas ni de *bitcoins*.
Mi lengua pasa por tus letras.

Me limpio el jugo con el antebrazo.
Hay en todo un deleite espontáneo
(así que ¡deja de contar, Isaac Newton!).
Si nombro el estado
de mis pezones justo ahora
seguramente me convoquen en el BOE
para que trague y me ponga solo a decir
fronteras, Ibex, astilleros.

Pero tu nombre tiene,
tu nombre tiene una plaza,
la plaza tiene una torre,
la torre tiene una alcoba,
la alcoba tiene una dama,
la dama lo escribe ahora.

Por si te interesa más
que todo esto arriba referido
(de tu nombre y mis líquidos)
el pescado tiene mercurio,
pero está barato en el supermercado de tu barrio.

LA GALLETA Y LA PUERTA

«Slow savage»
IDLES

Había entrado por la puerta
el peor amante del mundo.
Un *hey* por el pasillo de casa:
¿Jugador de rugby, supongo?
¿Ojos de *denim*, vemos?
¿Dedos de esfinge, vamos?

«Menos mal que las manos
sabéis daros temblor», dirá
la frase en chino de la galleta.

Y una sequía de huesos
fue lanzada hacia la cama
por el sujeto a en punto:

—¿Todo se hace así en Gran Bretaña?
—dijo con pasmo el coro griego.

Que había entrado por la puerta
mengano con su mueca fija.

Pero las amazonas se subieron
al galope del aire.
Se intentó coger la estrella

de Margarita Debayle.
Los pelos agitados como algas
se enredaban en mil vocales.
Salían rimas del soneto
armado al margen de Violante.

Regresamos. Amorosas
sujetamos con las manos
el rostro del sotano extraño
que narra la carrera
con interjecciones rurales.

—Tiene más eros
una caja de Amazon
—se oye al grupo de sabias hindú.

El humo del pitillo luego
llena el hueco de la casa.

Las amazonas curvadas
como ces
se agitan todavía
no obstante la planicie.

Manos, para qué os quiero:
manos, pechos, amazonas,
para el lenguaje y contra los extraños
(*Las frases de la fortuna
siempre llegarán tarde
en una galleta,*
dice la papisa Juana).

Al fin nuestro piso queda libre.
Cuesta abajo, el Primer Hombre bebido
—inconsciente del aire—.
Nadie sepa nunca nuestro aniversario.

SAGRARIO GRATIS

Gratis. Préstamo (s. XVII) del latín gratis,
contracción de gratiis, propiamente 'por las gra-
cias', de donde 'gratuitamente'. De la familia
etimológica de grado 'voluntad, gusto' (V.).

Los Marlboro de mi amante son ajenos
a esto que digo: hay otras vainas
para su espada,
pero ninguna tiene la miel.
la miel de mi castaño,
de mi castaño y su sol.

He llegado a la vida a trompicones.
Es extraño que no me llame Dolores,
Martirio o María de las Penas.
Yo misma dejé que una mano hipotérmica
tomara mi cuello
y lo hundiera en la hez.
Son difusas su mano y mi mano.
(Estás disculpado.)
Colibrí o agaporni, no sé,
bien pequeña, hebra, gusano.
Mas las arterias de mi ternura
jamás cabrán en un centro comercial.
Dudo caber en Europa.

A lomos del amante
va mi cuerpo mitad monja, mitad hiena.

Mi cintura lleva una trenza
de sintagmas nominales.

La mística del XVI persigue mi forma.
Rubén Darío persigue mi forma.
Nick Cave persigue mi forma.

Amante, amante,
puedes coger o dejarme,
porque finjo que es de esa manera.
Si me dejas,
haré una fiesta de alcoholes,
se instaurará por fin la República,
me masturbaré con una llave.
Si te avienes,
te tocaré la infancia,
sonarán bemoles,
habrá miel por los omóplatos que sumamos.

Ya la noche es un caballo salvaje
y yo, Sagrario, voy a horcajadas.
Perdonad que regale un nombre feliz
sin cobrar el 21% de IVA.

Es gratis, es gratis:
El Sol se ha sonrojado al mirarme
cruzar un puente.
Soy una hembra súbita
que se arrancó a mordiscos la costilla de Adán.

5

SONETO ISABELINO «ERROR 404»

La primera noche después de su llegada, Bea fue mi paño de lágrimas. Se podría suponer que, después de casi seis meses de llantos y sollozos, mis lacrimales habrían quedado secos y mis ojos dañados para siempre por tanta inundación, pero parece que tengo una interminable provisión de ese fluido salino que amenaza con desbordarse en generosas riadas sin dejar consecuencias permanentes tras de sí. Mi viejo templo de carne es verdaderamente maravilloso.

Quiéreme tú ahora, hasta que estalles
como un géiser, un huevo, un necio astro.
Quiéreme en *loop*, Sísifo, hasta que halles
la esencia mía humillada, sin rastro.

Quiéreme sin prisa, mientras te mueres
con jersey roto y sonrisa fingida.
Quiéreme para ver cómo te hieres
tú, espectador quieto de tu herida.

Quiéreme en Poniente y, aquí, en Levante
con el dedo del pie negro y torcido
de golpear montes con mal de amante.
Quiéreme con el plazo ya vencido.

No te expones; yo no sabré, no espero
como dijiste; error, *not found*. No quiero.

II

LOS ESPACIOS DISPONIBLES

Escribí a Boris: ¿Recuerdas aquella tarde, hace dos años, cuando nos dimos cuenta de que habíamos tenido el mismo pensamiento, no una obviedad, sino algo así como una noción excéntrica que nos vino a la mente a través de un catalizador mutuo y tú me dijiste: ¿Te das cuenta de que si viviéramos juntos otros cien años nos convertiríamos en la misma persona?

TERCETOS PARA IRNOS EL DÍA PRECISO

«*Two Many Birds*»
BILL CALLAHAN

Si nombras las afueras de una urbanización
clase-media, los solares se hacen bosques, son
goteo de cosas terribles, anunciación

en los carteles: SE VENDE, SE VENDE PARCELA
PARA CUATRO INMUEBLES. El relato aquí comienza:
los músicos ponen sus peines en cuarentena.

He aquí la prueba: ¿ves ese árbol en hora?
Queda la guirnalda de un muchacho, la holoforma
que cuelga —la naturaleza nada atesora

en verdad, es ajena, no obstante, en la escritura
los chicos que se ahorcan son versos con cesura
o cabo roto, de melodía un tanto dura—.

¿Cuál era la melodía inicial, la primera?
Ya sé: la mujer pasa y en la frente una grieta
se abre. Ante un otero, herida queda de tierra.

Entre raíces, contiene los huesos de un gato
blanco y negro. Al albor del siglo lo enterraron
mal, con una pala familiar y con las manos:

no servía mucho, no tenían casi fuerzas,
entiéndelo. Luego ciertos conductores llegan
en coche, tienen sexo súbito, merodean

la osamenta del gato muerto, y su hocico rosa,
todo profanan. —Quien lo probó, sabe de sobra
que su nariz era el amor, eje de la bola

del mundo. ¿Quién va a quererse desde ese momento?—.
Llorad con quien pase mas no dejéis el lamento
en el hombro de un monarca. Alargad el tormento.

¿Veis a esa mujer? Chamizo de plomo, que gira
y gira, y pone nombres a cosas de la vida:
árbol, tierra, monstruo. ¿No es su chaqueta divina?

El relato (presente) habla de un monstruo que pide
ayuda. Hay que tenerlo en cuenta, no se olvide
que el monstruo es la mujer que aquí una *terza* decide

escribir, torcida, cual libanesa, a las cinco
de la mañana, retorcido su pelo liso,
un nudo de vocales, cielo que bebió vino.

Y dice: *A los amantes siempre los va a cruzar
el alambre del* skyline. —No vinimos a hablar
del cuerpo de ella, pero tiene roto el andar

pues se clavó en el vientre del confín un alambre;
animalita: un espeto de sardina hace
su imagen, frágil. Atravesada está por Dante—.

Alguien decide que este poema debería
titularse «Tercetos para irnos el día
preciso», que puede ser en tren de cercanías.

Parece que todo se quede, pero es antónimo
el llegar del permanecer. Bajemos el tono
que el vientre breve de la mujer que digo es lodo.

Así que a continuación nombrar solo quisiera
a Jesús —era entonces la inmaculada época
que nombrábamos a Jesús, cuando las muñecas

ostentaban un pelo larguísimo, y cortarlo
queríamos. Entre tanto, inventamos pecados,
pues éramos niñas devotas de pelo ralo—.

Una mujer llamada Polly cruza el pasillo
de la mente, y canta si el deseo es amarillo
como letal filo o el filtro de un cigarrillo.

Otra mujer continúa su desierto a pie.
Al llegar, lleva una ofrenda de río y de sed
y lo pone por escrito una y otra vez.

Mientras, en Occidente, las máquinas de calle
expendedoras 24 horas, probable-
mente ofrezcan cuchillas de afeitar, chocolate,

bebidas isotónicas, condones... Quizás
en el segundo cuarto de siglo venderán
Biblias o Coranes digitales, por piedad.

Es posible que Jesús sacara de la máquina
un ventilador de mano por un euro, nada
más, la víspera de la traición, si hoy pasara.

Ya con la calma de la mujer que cena sola
sin certeza de última cena, se hace una cola
con el pelo y bosteza una «O» como una bola

del desierto, pero arial 0, tan diminuta
que no parece nada. Con esa calma, una
recuerda todo el daño ejercido, fatal fruta.

Nadie sabía nada al respecto. Es imposible
anticipar el meteoro si es intangible
y solo cantar un estribillo es lo factible:

Demasiados pájaros para un único árbol,
demasiados pájaros para un único árbol
(demasiados árboles para un pequeño pájaro).

Ella añade sonriente: *Quien rompe la promesa*
está obligado a quedarse preso de la mesa
como una carta —y es, en resumen, la sorpresa

de este relato o rezo. El holograma es Santiago.
Diente se llama el gato enterrado a cuatro manos.
El meteorito que no dura queda anulado.

¡Ay! Se lamenta uno de ellos, o son los tres.
¡Ay! El gato corre y lo llena de arena. Sé
que es mentira, y, sin embargo, lo veo correr:

Demasiados pájaros para un único árbol,
demasiados pájaros para un único árbol
—demasiados huesos de gato, ajenos al pájaro—.

El cráter, del impacto fantasma, reverbera.
Si alguien sabe qué ha sobrevenido y lo leyera
rogamos contacte y cante hondo con tijera.

Algunos conocen que las criaturas nativas
que nacen del cráter llegan tarde y las medidas
les hacen bostezar oes de enormes barrigas,

y de esto nada dice *El Bestiario* de Avicena,
ni la Termodinámica, ni las grandes tiendas,
ni la Bolsa, el Vaticano, ni esta mala letra.

Te engañaron, mujer. En el diario de hoy sábado
—los demonios contentos, cada cual a su lado—
lees que de todo el microplástico legado

el 80% desciende al mar del río.
Y no sabes si es más terrible que tu cabeza
apoyada en una almohada de hostal impío
con el último ácaro de Jesús que reza.

CASA BORRADA/ESCRITA EN 1960 SEGÚN CARLOS Y NACHA

Por eso la casa —desde hace un tiempo
Carlos toma las noches como píldoras
de cieno, a ver si desaparecieran
en su estómago, se hiciera de día;
Nacha, por su parte, es como un murciélago
invertido, chamizo del subsuelo
muy quieto, aceite negro de las piedras—;

por eso la casa, una boca dice
(perdón), dice que da bastante pena
lo de Carlos, lo de Nacha, su casa
—lo de su casa es un palacio ruso
de tristor—, han salido al jardín por
ver si se encuentran una mesa donde
sentarse, pero no hay jardín en casa,
ni están ellos, pero han dispuesto pan
y vino —un misterio— para coser
los sietes de sus mil trajes (no queda
pan) pero han bebido vino y se besan
—dice alguien en el metro en Taipéi
con mascarilla, casi no se entiende—
por eso la casa —Carlos cocina
de noche el pastel que repugna a Nacha,
para que lo devore con los dedos

que han borrado un retrato minuciosa-
mente, como hormiga; su última obra—,

por eso la casa —cae en sus nucas
la luz del día, según dice Carlos,
y los sorbe el frunce, sentencia Nacha,
de la noche besucona, y lo pone
por escrito Gwendolyn Brooks—, por eso
la casa de Nacha y Carlos se esfuma
en un poema de mil novecientos
sesenta llamado «Kitchenette Building».

EL ÚLTIMO *SKYLINE* POR VALERIA Y LUCAS

Mientras se quisieron, Valeria y Lucas
hincharon castillos para las ferias
de pueblos en fiestas. Mientras se quieren.
Pasaron muchas gaviotas por pueblos
de la costa, pasaron muchos años
como alas, pasaron muchos duelos
como gaviotas y alas como daños.

Dicen los cuentistas que se conocen
en una fiesta. A lo lejos, parecen
copia y negativo y, sin embargo,
el sabio persa Manes los unió
en una sentencia. Mientras se quieren
Valeria y Lucas no se imaginaban
no quererse: cultivaron plantitas
en su sutil bostezo de extrarradio,
adoptaron animales domésticos,
hicieron comidas dominicales
en casa con amigos fabulistas.

En resumen: mientras eso y otras almas
se querían y no importaban los nombres
dejados en las vallas publicitarias
o si no había un acuerdo entre partidos

o si C. Tangana importunaba a Safo
hasta la náusea, el tic, o si el deshielo,
solo mientras.

Ya Valeria escribe un poema desnudo
al horizonte.
Ya Lucas se sube a una bici y es nudo
del horizonte.
Ya se traga a Valeria y Lucas la boca larga del último
[*skyline.*

LAS SÁBANAS SEGÚN LUCÍA Y DANIEL

¡Qué novios tan bellos
bajo la sábana de Ikea,
diríanse los nuevos Gainsbourg y Birkin,
pongámoslo en Facebook, que todos
los vean! *¡Que nos vean, a nosotros,*
nuestra belleza que arde y lo sabe!

Somos los novios bellos,
somos los novios rebellos,
apoyados uno en otro
la mollera llena de magia. ¡Ay!
Nuestras bocas francesas, cuando
susurramos juntos
son piscinas lentas
como un verano infantil,
o gatitos masturbándose en las paredes
de la casa paterna.

Qué novios tan bellos hacían
en las paredes sociales.
Se amaban hasta el tuétano
en el muro de notificaciones:
Lucía pelicorta y labirroja
danzando en la cama con *boxers*.

Daniel, pechichileno
turbando al móvil para la foto.
Lucía sonriente con boca
de *je-t'aime-moi-non-plus*.
Daniel haciéndose el maldito
tras el filtro Nashville.

Ahora,
la foto de Ellos es un cadáver rollizo
atrapado en la red, tal vez
en la saña de una captura de pantalla
de alguien que estudia la fragilidad
con avidez y baba
y agrega empírico:
«Todo se rompe».
Mientras flota el cuerpo de Ellos
en un cielo de píxel,
    Lucía estampa su portátil,
    portal a la pocha eternidad.
        Daniel ingiere a puñados
        los neobesos de María.
            María elige el filtro Perpetua
            y sube el retrato de los Novios Para Siempre
            y alguien como yo que pasa (perdón)
                extiende sobre todo una sábana de Ikea.

EL CUARTO TRASTERO SEGÚN
CHRIS Y BERTA

Y, al fondo, el cuarto de los trastos.
Si queréis, aquí el servicio.
Los abrigos, en ese lugar.
Y esta es nuestra casa.
Habéis traído vino.
(Chris palpa el culo de la botella,
Berta agrega: ¡*seco!*)
Después de la cena jugamos a algo.
Chris, tú cuentas las historias.
¿En serio? Mejor una de póker.
Que diga Berta, se le da bien los cuentos.
Pues bueno (se rompe un vaso/un alma):
Érase el trastero, que es el cuarto del hijo.
¿Lo veis? (abre la puerta):
ni una pizca de desorden,
al contrario: la cuna, la cenefa, el móvil Fehn,
paredes amarillas, por si la idea
se hacía niña, o niño,
mordedores, arrullos, estrellas
para imitar la dulce noche.
¿Lo veis? Aquí no hay nada. Nunca vino.
Por eso es cuarto de los trastos.
Aquí la miseria es el único ser
que tiene un cuerpo.

¿Lo veis? Aquí descansa el espíritu
de nuestro niño nunca nacido
y todos los cuidados
y los cambios de pañales,
y los cuentos nocturnos
y los panes de los pies.

Somos los padres yermos.
somos los padres reyermos.
Decidme ahora qué queréis,
si me llevo el llanto a la cocina
y lo lavo.

EL SILLÓN DE LUISA Y PEPE

Por la tarde, Luisa ve la tele
como un gran alucinógeno.
Se deja caer en el sillón:
una pluma parece
explorando la garganta de una sima.
Ofelia sobre cojines
que hacen aguas.
No hay final para las tardes yonkis
cuando la mujer muta en electrodoméstico
con motor Eco Silencio
allí tirada. Orfidalina.

En la otra habitación, Pepe
no hace *mu*, tampoco se empeña
(la muerte doméstica de Marat)
por olvidar las calles del año 70,
el primer piso que compran
Luisa y él, y en el pasillo algún beso,
y luego las tres crías vestiditas de uniforme
y la buena educación de las monjas,
y el chalet y la casa en la playa.
Los buenos tiempos son solo un suspiro,
literatura de kiosko,
pin que clavar en la solapa del esternón.

En el sillón, Luisa cae
eternamente. Pepe
es un bostezo en la cocina.

LA MATEMÁTICA DE SUSO Y MINA

En las hojas del calendario
Suso y Mina estampan su idilio.
Mina como una sirena de marzo.
Suso congelado en el mes de abril.
Es costumbre, entre los dos,
elegir las mejores fotografías
tras una organizada asamblea
a modo de *Top of the pops*
con aséptico escrutinio
y hasta libro de actas.
(Mina se marcha en julio.
Suso se hunde en el sillón.)

120 fotos
impresas por una empresa de nombre alemán
hacen una música ultraterrena:
risas en el oportuno té caliente,
cenas en restaurantes con amigos
reservadas vía *app*,
una cama neoyorquina
fantasmal, por cortesía de Booking,
nieve de hexágonos
sobre el adosado familiar.

(Mina se marcha en julio.
Suso se hunde en el sillón.)

Todos queremos sonar
como los cuerpos de Suso y Mina.
(¿Qué matemática usáis?)
Pagan el pan como en las fotos,
cuentan chistes como en las fotos
y lloran justo como en las fotos.

Ahora, en la última página del calendario
queda una granja nevada,
hoja en blanco sin arrancar
y una metáfora de caballos que nadie cuenta.

Ahora Mina vive en una casa en el mes siete.
Ahora Suso lleva un pez espada entre los dientes.

LOS CARACOLES LENTOS DE TIAGA

Pobre Tiaga, distraída y sola, purgando caracoles.
Los dispone en la galería varios días
con hierbabuena.
Ya limpios mueren en la sangre del tomate.
Yo suelo mojar pan, me relamo
apartando esa carne blanda de mi dieta infantil.

Pobre Tiaga, imagina que el marido
es el mismo actor /Klar Gable/.
Una vida entera se pasa pagando
la belleza roja y literaria de Clark.

Pobre Tiaga, que se hace ciega.
Un cangrejo endémico de su casa-isla.
Así que aguanta bien los puños de Clark,
porque no ve.

Clark me lleva a pasear, a mí y a las hermanas.
Descubrimos mundos que luego los escritores
de novelas juveniles cuentan
en «Elige tu propia aventura».
Tal vez me enseña las arañas, no me acuerdo.
Salvo el hecho empírico
de que Clark ahoga a Tiaga, nos quiere

y sonríe a menudo porque somos pequeñas.
hace carantoñas a cualquier niño,
lo eleva por los aires como adorno navideño
porque se le esconde solo el monstruo
o se piensa que es él mismo
duplicado en el presente.

Pobre Tiaga. Allá abajo,
Santiaguita,
solo imagina el mundo.
Habría dado manos y piernas
por vivir las flores y las catástrofes de arriba,
pero en la cocina aprende
a ignorarlo absolutamente todo:
lenta y blanda, mi abuela materna va,
como sus caracoles,
a la muerte del tomate.

EL ENTIERRO DE DIENTE SEGÚN
GRANT Y LEENA

El primer día, Leena lleva dos crías de gato
al cumpleaños de Grant.
Grant está importunado por la idea /gato/,
nunca lo dice, solo años después,
contento de haberse quedado
con la gatita enfadica,
mancha de mostacho negro,
patitas blancas de calcetín.
Diente es amor por los rincones.
Por la noche duerme con Leena.
Por el día duerme con Grant.
Y así pasan 15 años.
La gata come, a hurtadillas, jamón de la cocina.
La gata no sabe nada de nada.
Nada del Brexit, ni de sus intestinos.
Ronronea y pronto es vestigio
del amor de Leena y Grant:
saquito de huesos de gnomo.
El resto de los días, textos muy negros.
El piso es un funeral, en dos baños
y dos camas.
El último día, cavan un hueco en la tierra
(Diente enferma,
«hay que ayudarla», sentencia el veterinario):

parece un saquito de huesos
para perfumar el cajón de la muerte.
Entre lágrimas de padres,
Leena y Grant entierran juntos a la animalita,
vendada como una momia de blando bebé.

Lloran y lloran.

No les consuela una estrella.

Lloran y lloran.

Se les va el llanto hacia las raíces.
Otros conductores aparcan cerca,
tal vez para tener sexo casual.

Lloran y lloran.

No quieren que nadie profane esos huesos.

Lloran y lloran.

Una física nuclear en Alaska
sospecha que Leena y Grant nunca
dejarán de amarse,
porque guardan junto al cuerpo
sus protocenizas, el fluir del llanto,
el sudor cavando el hueco, en fin,
todo lo que, al cabo, amar tiene de materia.
Es más, lo incluye en un anexo
a su tesis sobre Nueva Termodinámica
que se relaciona con el principio segundo:
«Lo que se entierra nunca se acaba».

LOS ESPACIOS DISPONIBLES

Somos los espacios disponibles.
Somos los huecos de la nevera.
Apoyados en la rutina del 2x1,
danzamos huerfanitos.

Vamos de vacaciones por buscar islas.
Nos cubrimos con sábana bajera
y, adentro, el para-siempre.

Se rompe el jarrón.
Lo pegamos para-siempre.
Se rompe el jardín.
Lo pegamos para-siempre.
Se quiebra el amanecer.
Lo estucamos para-siempre.

Oh, yo nunca volveré a Tinder,
como si fuera un pueblo lorquiano de luto.
Juramos que nunca más
igual que se abre el paquete de galletas a hurtadillas
y el reguero de migas hasta la cama
delata la flojedad del alma.

Somos los espacios disponibles.
Somos los huecos de la nevera.
ANÚNCIESE AQUÍ.
EN LA BOCA. EN EL LOMO.

III

DESPUÉS DEL LOGOS

Pronto, pensaréis, llegaremos a algún cruce o una bifur-
cación en el camino. Aparecerá ACCIÓN. Habrá algo
más que la personificación de un pene envejecido y muy
querido, algo más que las extravagantes divagaciones de
Mía, algo más que presencias y Don Nadies.

UNA BROMA DE LA NOCHE

Mi casa es silenciosa.
Tiene un pasillo a modo de arteria
por el que crucé una vez siendo can.
De ese pasado, me queda la costumbre
de aceptar cualquier sintagma:
Si dices *Hola, piedra,* te contesto.
Si dices *Hola, cerda,* te contesto.
Si dices *Hola, anáfora,* salto tres veces.
Guardo poemas por todas partes
(esto, sin duda, contribuye al silencio).
Garabateo mi muerte en un *ticket* del Consum.
(¿Vendrás a verme?)

En cuanto al estilo yuxtapuesto
con el que se topará la lectora
he de decir que así mi tez.
Salgo a la terraza, lío un cigarro
con la destreza del que ha estado en silencio
muchas veces.
Parece que esté metida
dentro de una campana
para servir comida
pero es simplemente la noche.
(Y, si soy un canapé de la noche,
¿vendrás a verme?)

Mi casa es el silencio
que tiene el *chirp* universal
de las ondas viejas.
Lo interrumpen unos pies
que no pisan España
a menos que sea para cruzar de puntillas una playa
[encendida.

Si yo fuera Lagertha, habría rajado pectorales
y modelado un halcón
con los pulmones del malhechor.

Si yo fuera Lagertha, me habría comido esos pies en
[crudo
y pintado estrellas rojas en el rostro
con la sangre del exnovio.

Si yo fuera Lagertha,
no habría consentido cualquier sintagma.

(¿Es que no vienes?
El asunto de que mi casa
tenga su dirección en este poema
complica bastante tu visita, la verdad.)

Es una noche nada parecida
a la «Noche estrellada» de Van Gogh;
más bien pintura negra,
sombra del Greco,
vena de Kahlo.
¿Seré una broma de la noche?
¿Seré un detrito,
un eructito nocturnal?

NUEVA TECTÓNICA

Tendríamos que haber pasado
directamente a los puños;
las metáforas quedan algo blandas.
Pienso en tu casa y tu boca
contra el suelo de tu casa
y la sangre brotando
con mi gancho *amateur*.
¿Habrían venido por fin tus familiares
a manifestar su disconformidad
con un abogado de ultraizquierda?
Sin duda la Tierra somatiza,
lo mires por donde lo mires
el lenguaje se nos quedó corto
por eso brama con su Nueva tectónica.
Nosotras sentimos
la confusión de Liv Ullmann en *Secretos*,
así que se me ocurre nombrar un albacea
para la muerte de mis manos.

A pesar de todo lo anterior
que conste que puse
mucha consideración en tu boca:
si temblaba cual junquito,
si comía dispersando migas de pan,

si mascaba una risa impertinente
(cómo te reías en mi cara,
en mi ajuar de exnovia,
aunque yo viviera en el desgarro).

La consideración mató el amor,
le dice Marianne a Johan a punto del grito.
Sobre consideración, ah,
mis metáforas también han sido consideradas,
no creo que tengas queja,
y todo por mi linaje
de colegio de monjas.

Pero la violencia más grande
allende poeta con pataleta
habría sido comerme un McFlurry, justo entonces;
eructar con cerveza o trenzarme el pelo, justo entonces.
Reír como me enseñaste,
con el mundo echándote aplausos, como entonces:
todo el mundo aupándote por la espalda tras el *show*.
Cargarme Europa desde aquel *parking*
con un *Entiendo*.
Reclamar mi presidencia a lo Eileen Myles.
Sin hacer, yo, de estatua,
de prenda de ropa o extra del filme:
te habrías desangrado cual cerdo en su San Martín,
ya sabes, no llegue tu sangre al río,
quede todo en tropos de chicha y nabo
por la seguridad universal.

¿DÓNDE ESTÁ?

¿Qué fue de la perra meada
que acarreaba sus huesos
en un aparcamiento pseudoyankee?
¿Qué fue de la perra prescindible
cabizgacha y, en su nimbo,
el respeto de las moscas?
¿*Ubi sunt* la hembra y sus costillas
que se insertaba simientes
con la cánula de los dedos
a espaldas del cosmos
y del exnovio —eran lo mismo—
en la noche oscura,
pixelándose el morro yermo;
qué de su buche deforme,
sus patejas, sus entrañas,
sus babas después del logos
a las ocho de la tarde;
y cuántas chuchas
dentro de una chucha
yonki perdida de Petrarca:
le tiras un palo
para que salga y se lleve
su bucle bien lejos,
su buche impertinente

y todo el mundo pueda,
por fin,
entre aplausos
confirmar su venida,
todos los que lo vieron,
la veis, los que lo vieron,
no viene, los que lo vieron?

NOTAS AL LIBRO

Las líneas en prosa citadas al inicio de las secciones pertenecen a la novela *El verano sin hombres* (*The Summer Without Men*) de Siri Hustvedt, en la traducción de Seix Barral.

Algunos versos que aparecen en la sección «Los espacios disponibles» recuerdan a «Los hombres huecos» («The Hollow Men») de TS Eliot.

El poema «Antes y después: la poeta dialoga con sus sombras de 2011» es un juego lírico con otro texto mío, «En boca cerrada no entran sombras», publicado en *Anunciado en televisión* (Ayto. de Lekunberri, 2011).

El poema «Tercetos para irnos el día preciso» es una versión libérrima de un poema creado a cuatro manos junto al poeta Francisco Layna Ranz, firmado bajo el pseudónimo Danielle Madrid-Malone. Hago una «cover» alejada métricamente de nuestro juego original.

AGRADECIMIENTOS

Gracias a mi familia.

Gracias al jurado del V Premio de Poesía Irreconciliables.

Gracias a ti, que has llegado hasta este punto. Ojalá mi libro se parezca al duelo que Eco dijera si pudiera hablar.

ÍNDICE

La segunda edición de
Curso avanzado de perra
de Carolina Otero Belmar
compuesto con tipos Montserrat en créditos
y portadillas, y Bodoni MT
en el resto de tripas,
maquetado bajo el cuidado de Dani Vera,
y con la aprobación de Raúl Alonso
como editor de mesa de la obra
se terminó de imprimir
el 8 de marzo de 2025.

LAUS DEO